AF562831

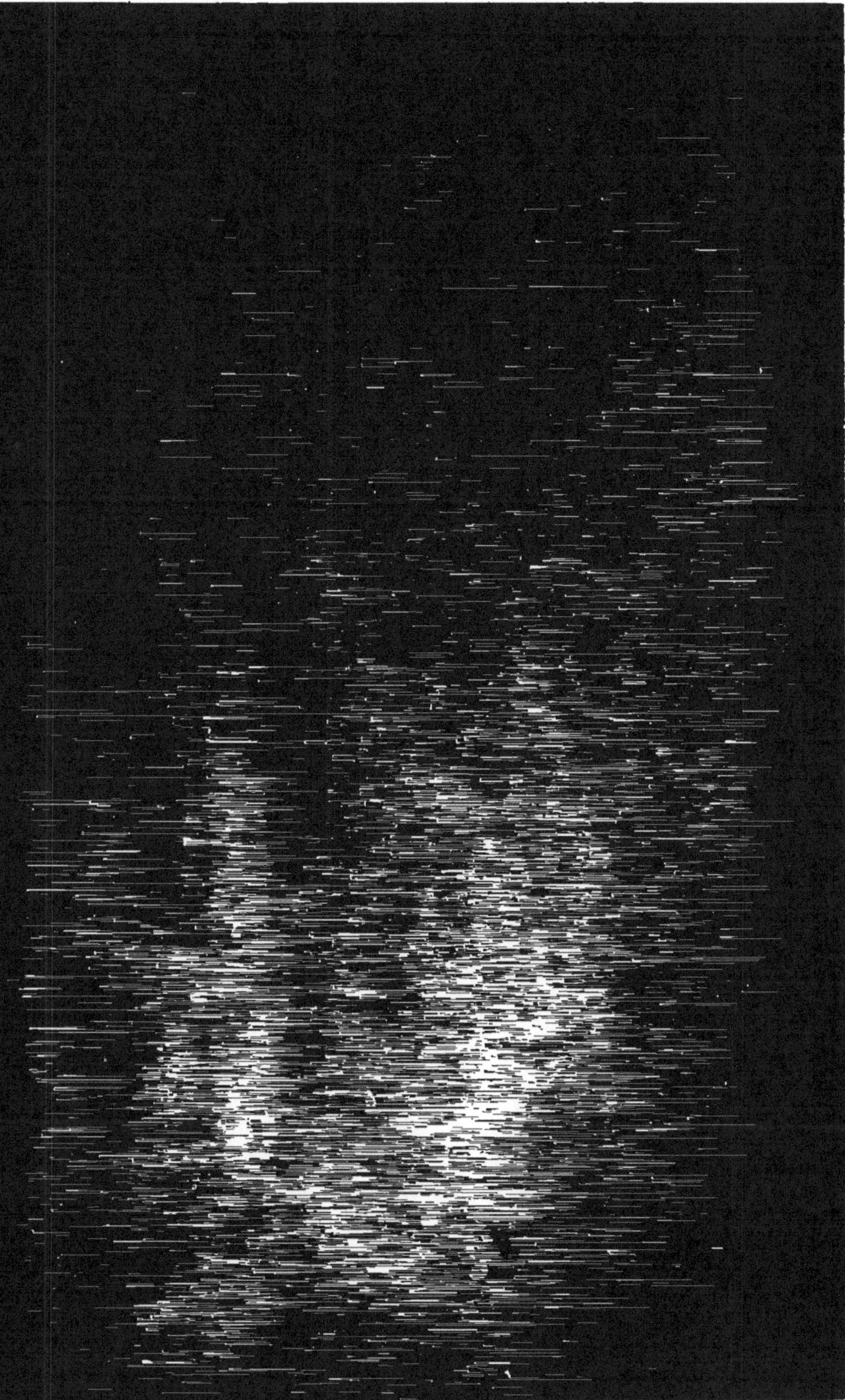

HISTOIRE

DE LA

GUERRE DE CRIMÉE

COULOMMIERS
Imprimerie PAUL BRODARD.

HISTOIRE

DE LA

GUERRE DE CRIMÉE

PAR

CAMILLE ROUSSET

DE L'ACADÉMIE FRANÇAISE

ATLAS

PARIS

LIBRAIRIE HACHETTE ET Cie

79, BOULEVARD SAINT-GERMAIN, 79

1878

CART

Histoire de la Guerre de Crimée Pl. I.

Gravé par Erhard,

NÉRALE.

Librairie Hachette et Cie

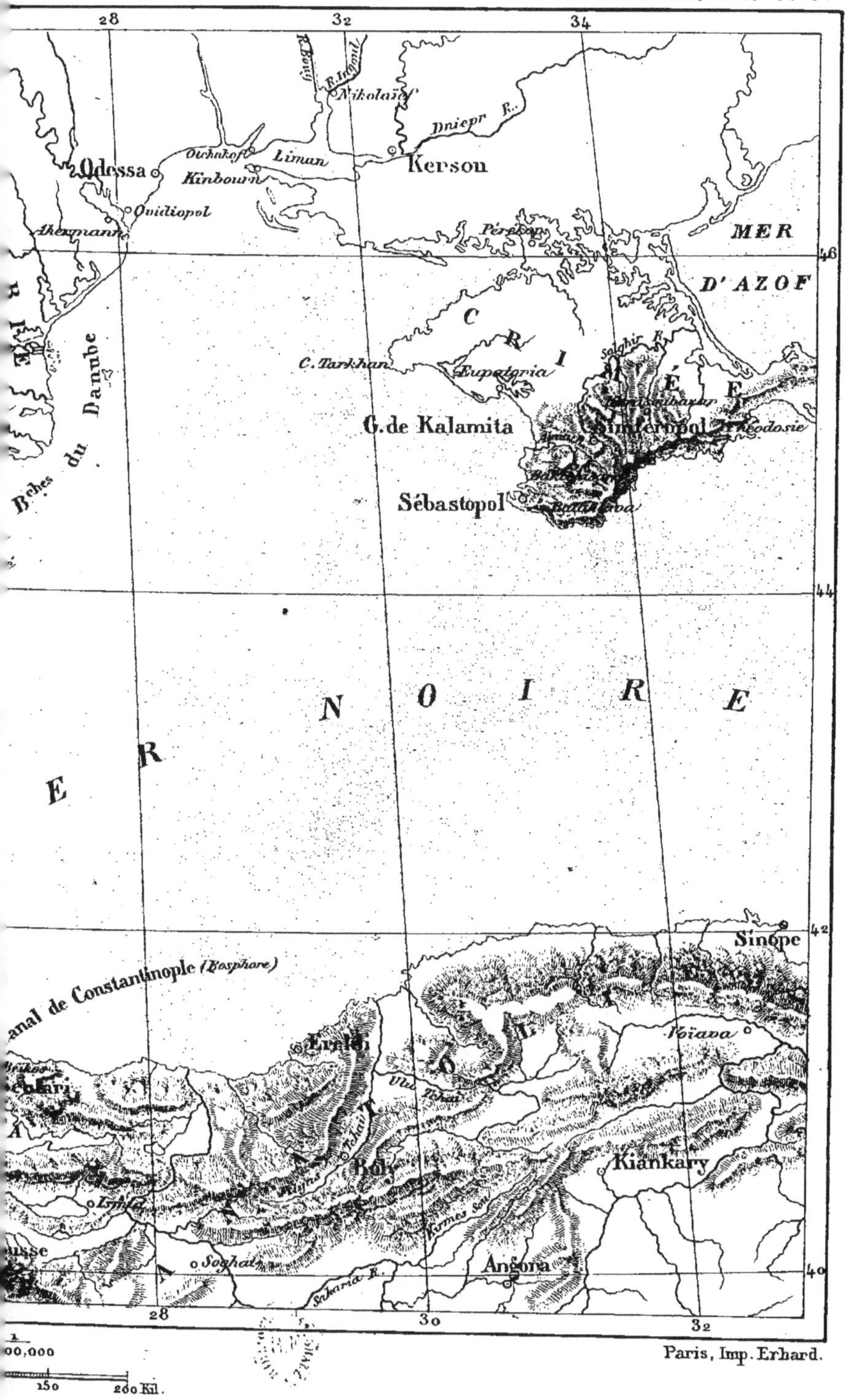

28 32 34

Nikolaïef

Dniepr R.

Otchakof

Liman

Odessa

Kerson

Kinbourn

Ovidiopol

Akermann

Pérékop

MER

D'AZOF

46

C R I M É E

Salghir R.

C. Tarkhan

Eupatoria

G. de Kalamita

Simferopol

Théodosie

Sébastopol

Bouches du Danube

44

E R N O I R E

42

Sinope

Canal de Constantinople (Bosphore)

Erekli

Ulu Tchaï

Voïava

Kiankary

Ismid

Soghat

Sakaria R.

Angora

40

28 30 32

00,000

150 200 Kil.

Paris, Imp. Erhard.

Histoire de la Guerre de Crimée. Pl. II.

KHERSON

Pérékop

B. Djarilagatch

B. de Pérékop

Pte Sariboulat

Keneghes

Tharkankoute

Togaïli

Orta-Ablam

Mourzalar

Bakschaï

Eupatoria

Baie de Kalamita

C. Tarkhan

C. Loukoul

Simféropol

Baktchisaraï

SÉBASTOPOL

Balaklava

Yalta

C. Laspi

C. Aioudag

MER NOIRE

Gravé par Erhard.

ÉE.

Librairie Hachette et Cie

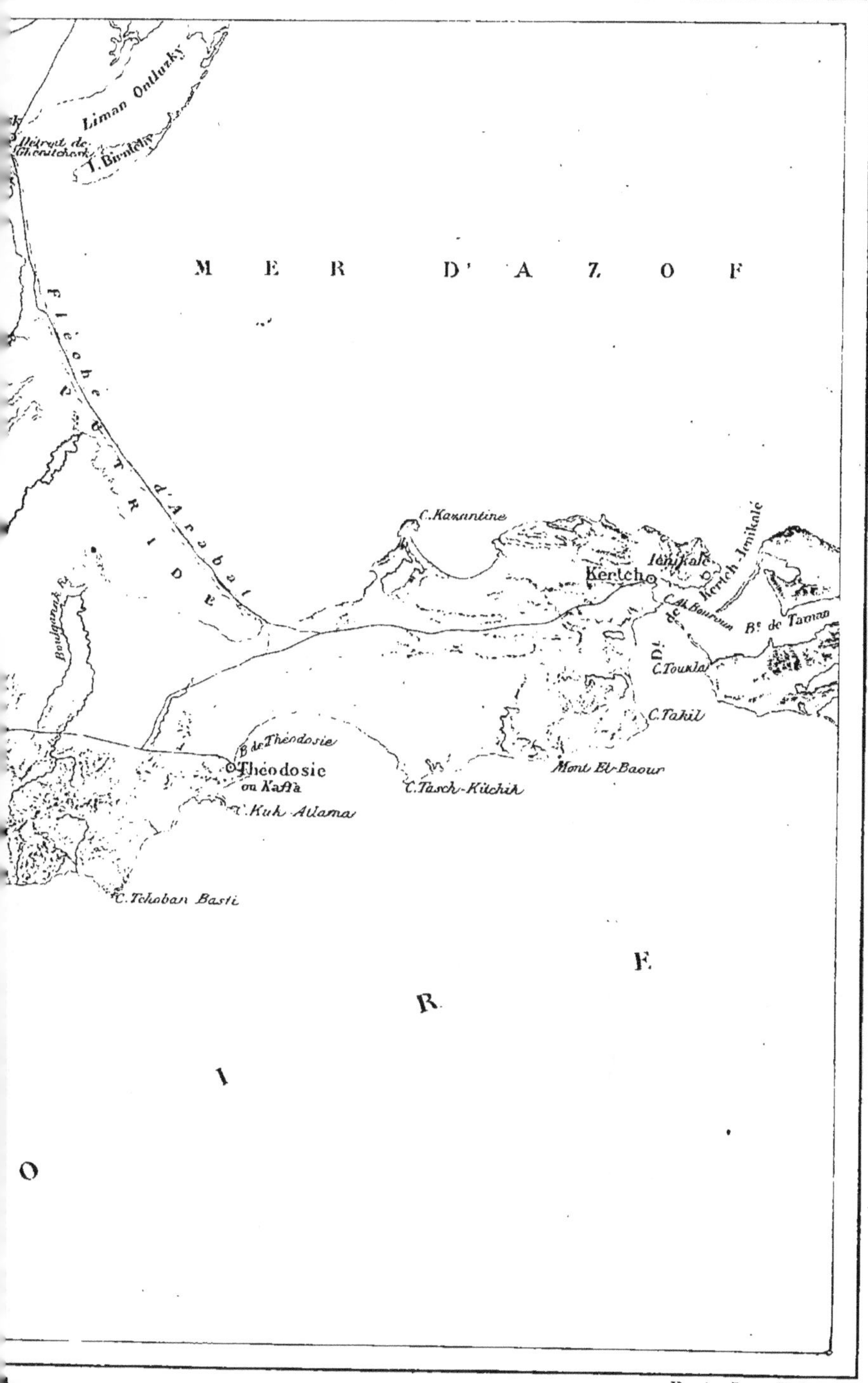

0,000

60 80 Kil.

Paris. Imp. Erhard.

Histoire de la Guerre de Crimée. Pl. III.

SUD-OUE

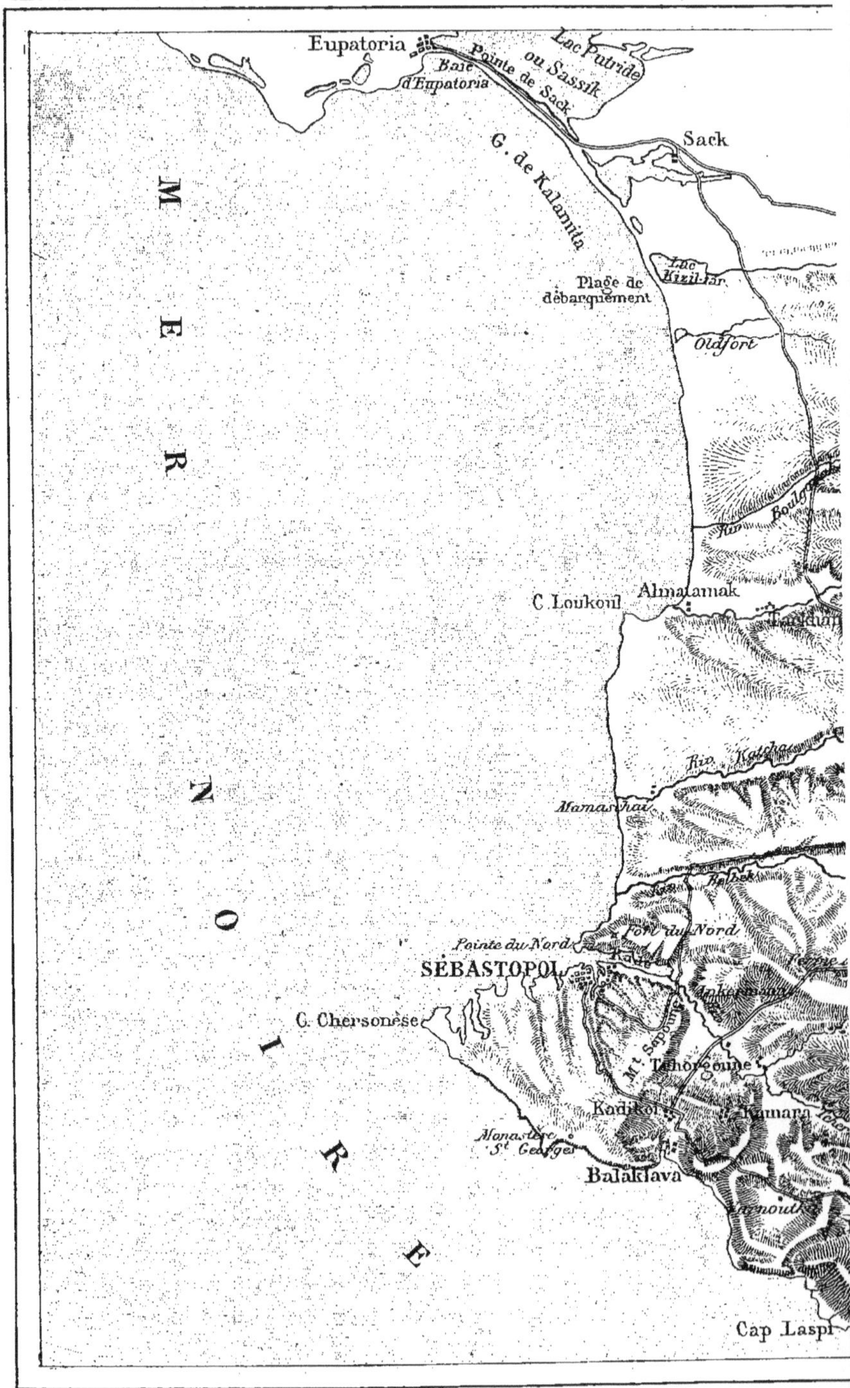

Gravé par Erhard.

Ech

0

LA CRIMÉE

Librairie Hachette et Cie.

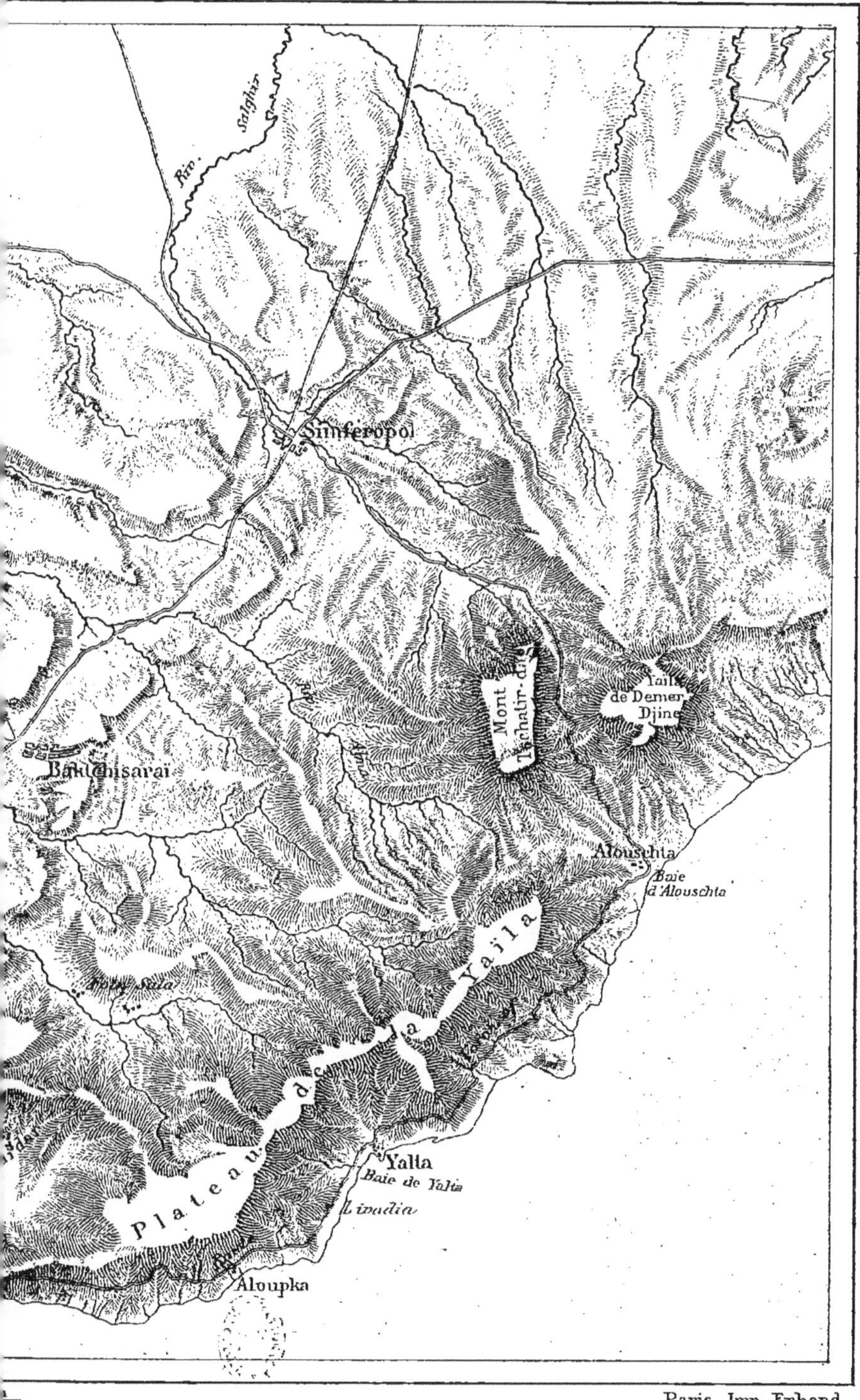

Paris, Imp. Erhard.

Histoire de la Guerre de Crimée Pl. IV.

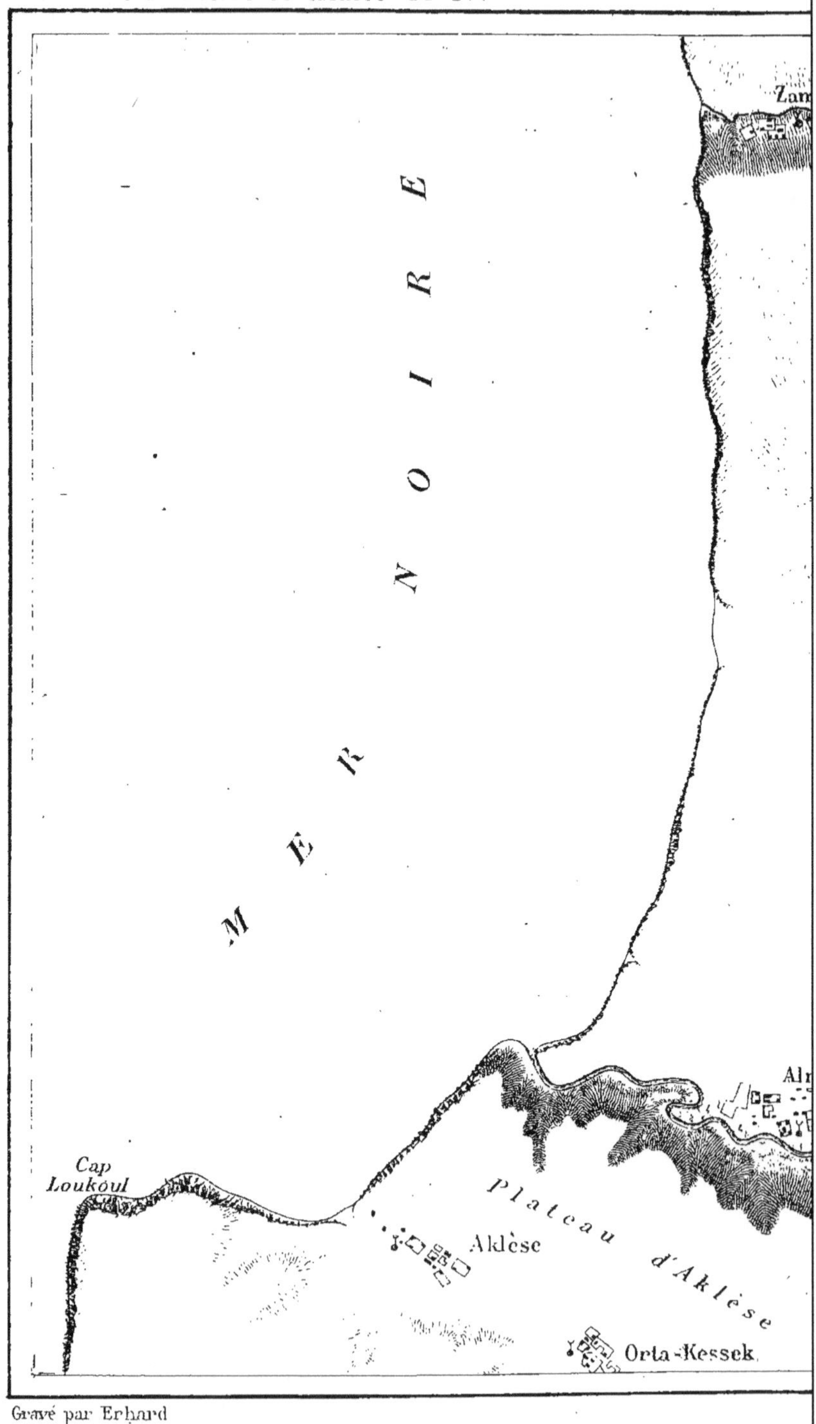

Gravé par Erhard

MA

Librairie Hachette et Cie

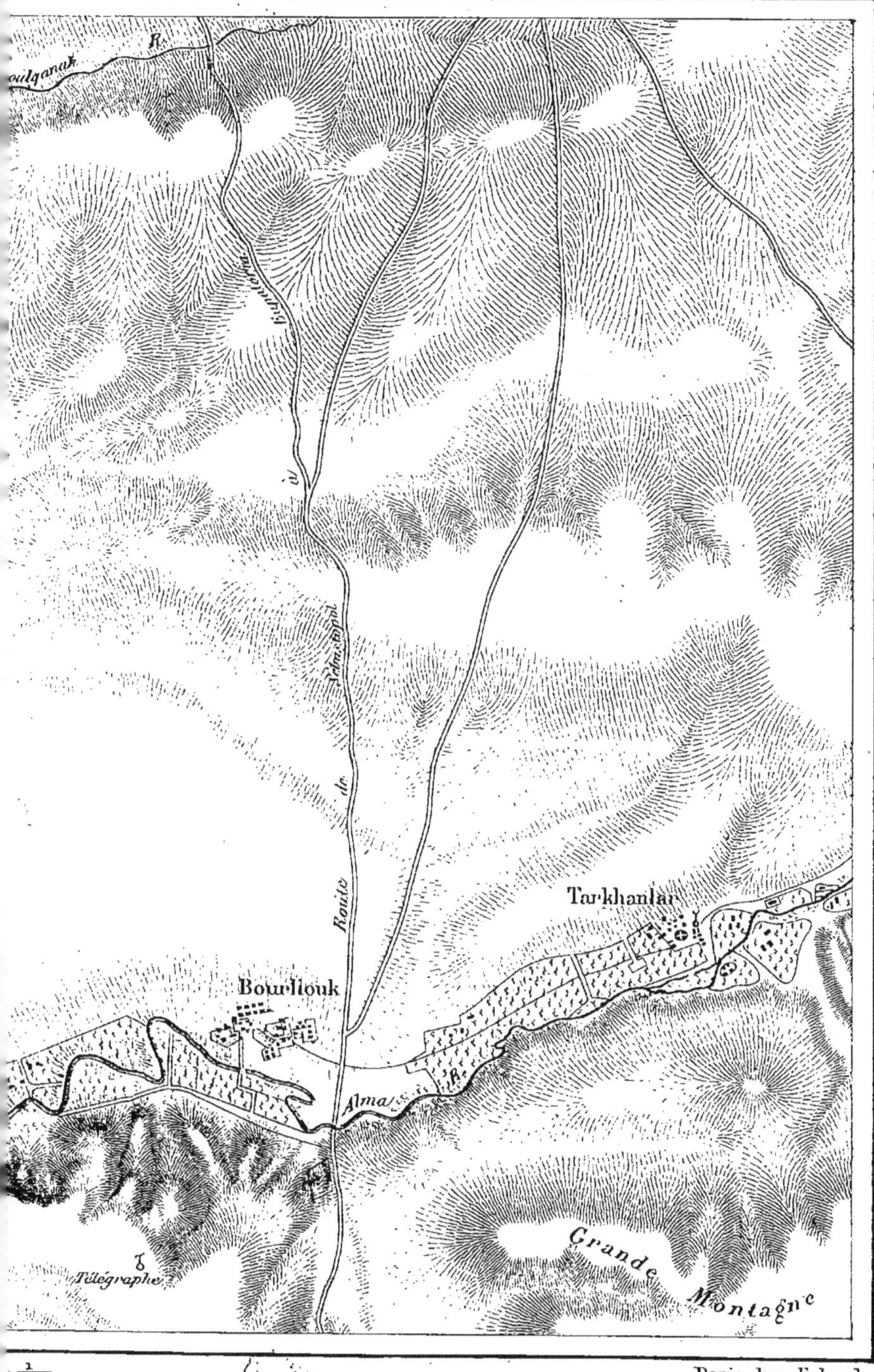

1/50,000

1000 1500 2000 Mèt.

Paris, Imp. Erhard.

Histoire de la Guerre de Crimée. Pl. V.

PLATEAU

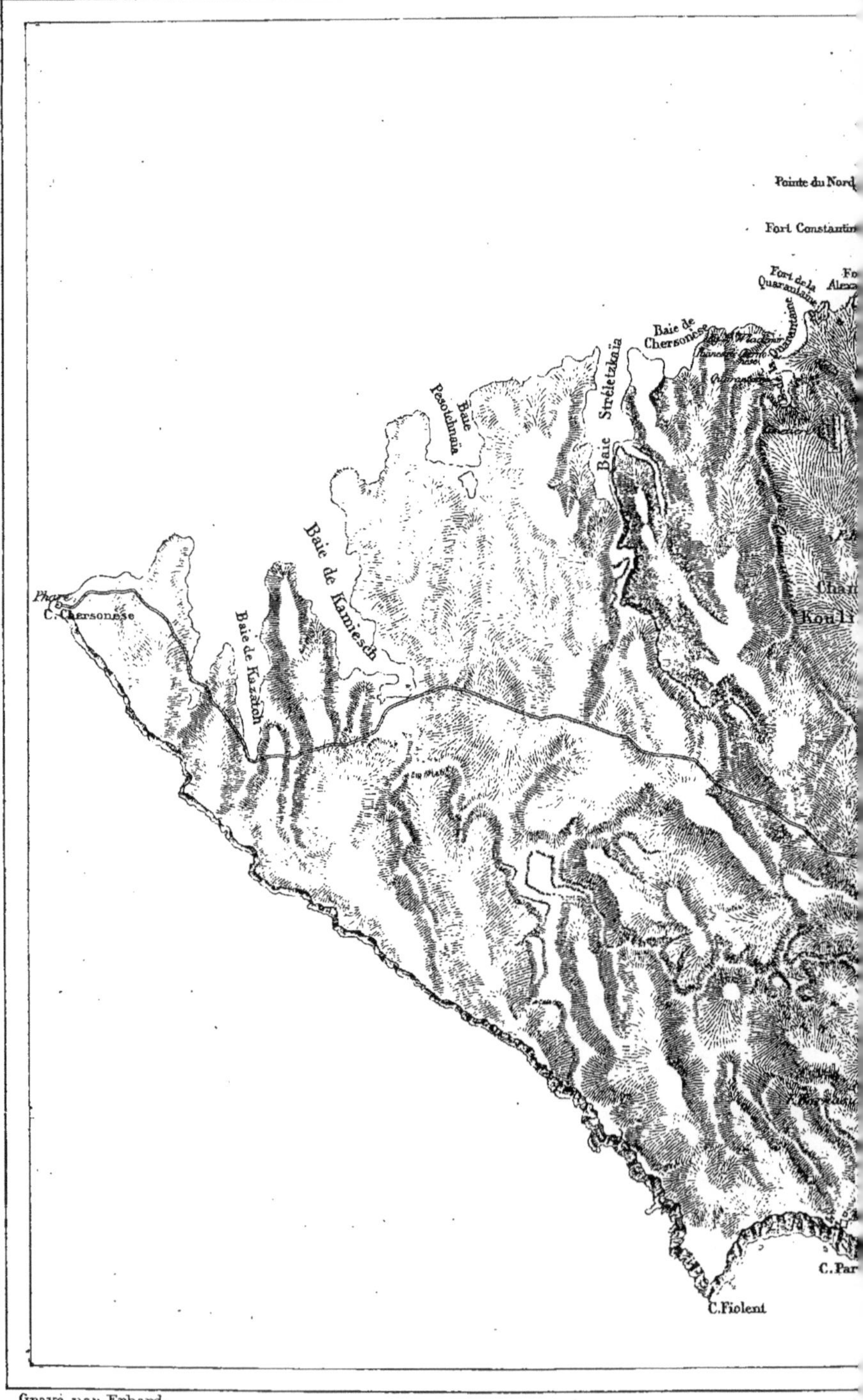

Gravé par Erhard.

ERSONÈSE

Librairie Hachette et Cie

Paris, Imp. Erhard.

oo

3 4 5 Kil.

Histoire de la Guerre de Crimée. Pl.VI.

BAL

Gravé par Erhard

Echel

500 250 0

VA.

Librairie Hachette et Cie

Paris, Imp. Erhard.

Histoire de la Guerre de Crimée. Pl. VII.

SÉBASTOP

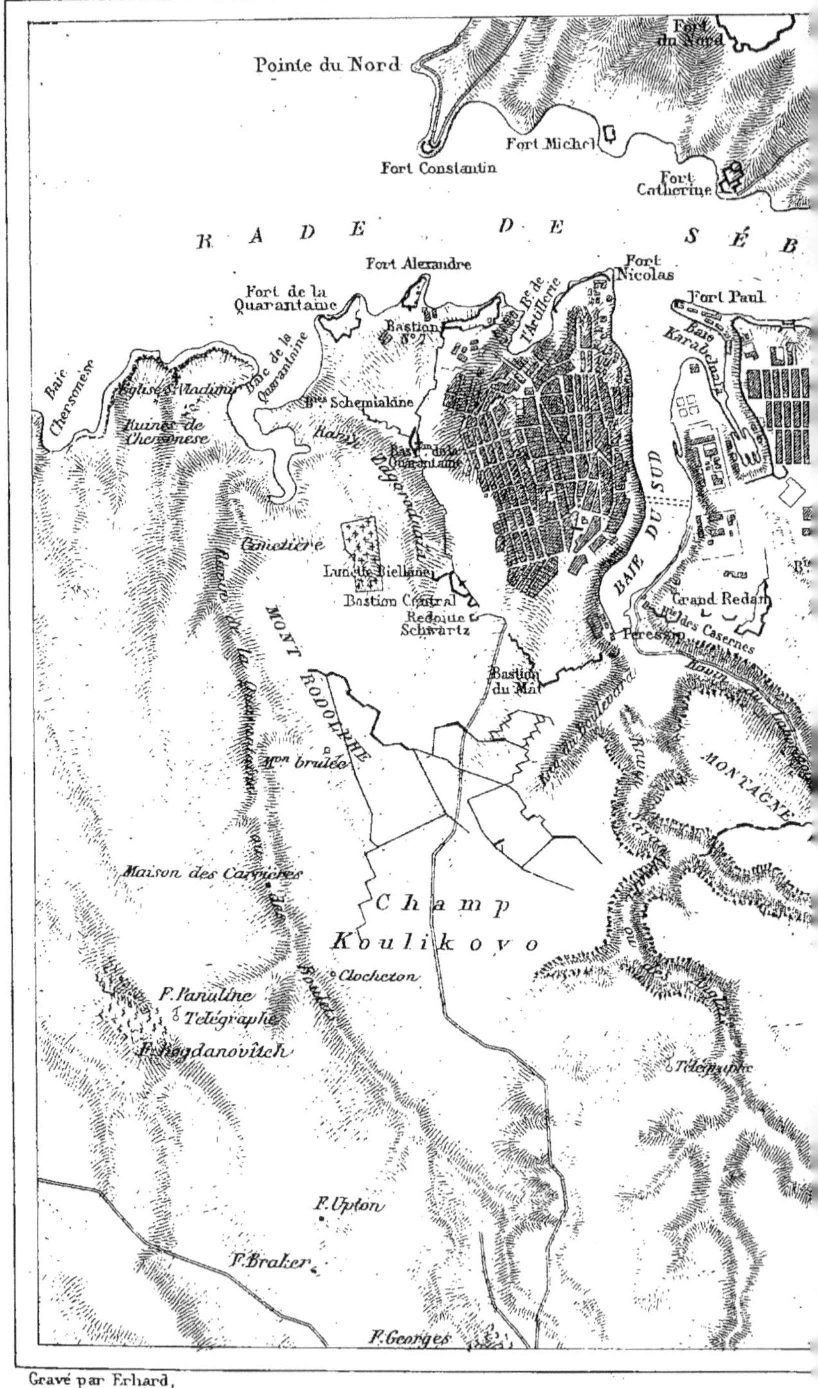

Gravé par Erhard,

Travaux Français.

500 250 0

Novembre, 1854. Librairie Hachette et Cie

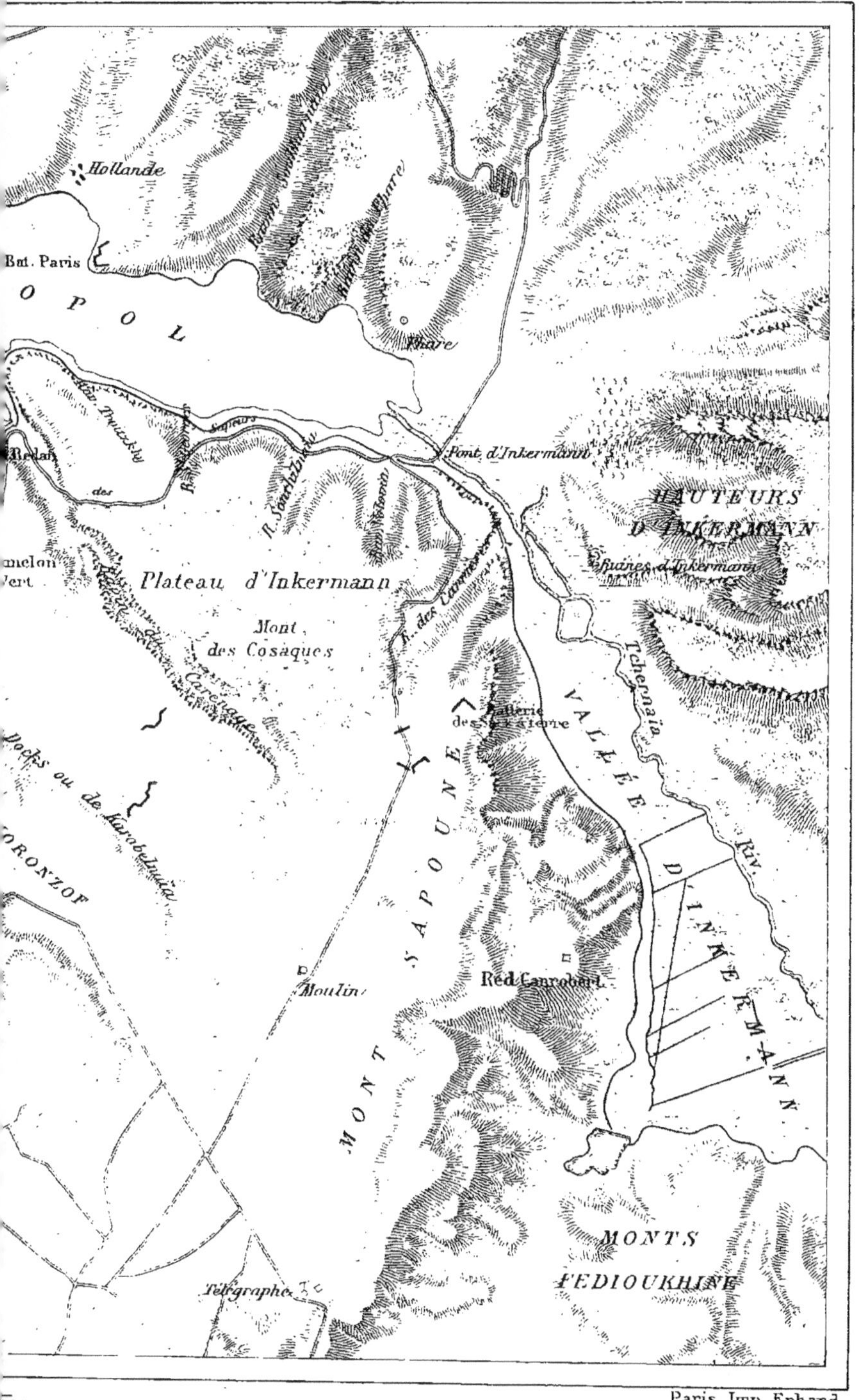

Paris. Imp. Erhard.

500 1500 2000 Mét.

Travaux Anglais

Histoire de la Guerre de Crimée. Pl. VIII.

SÉBASTOP

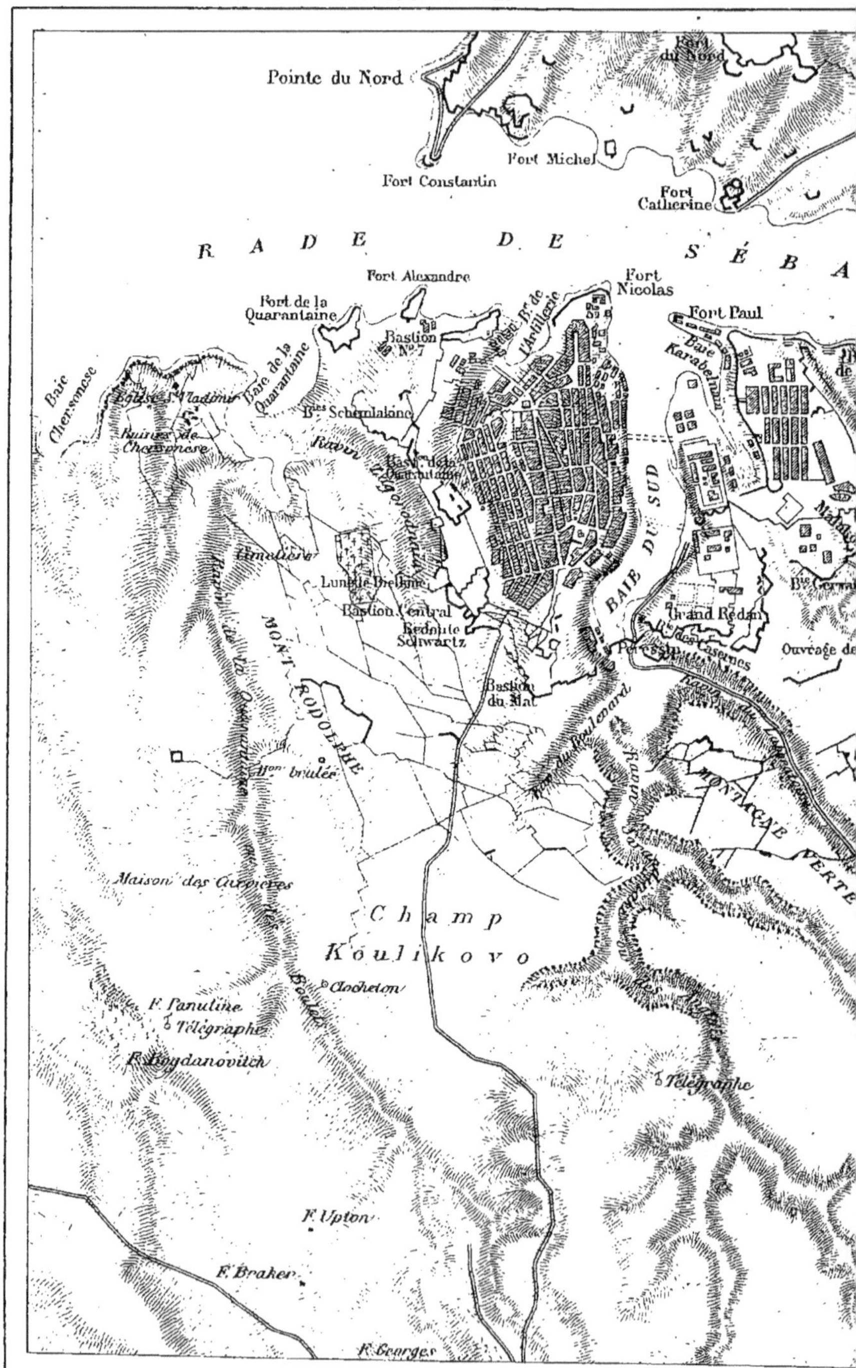

Gravé par Erhard,

7 Juin 1855.

Librairie Hachette et Cie

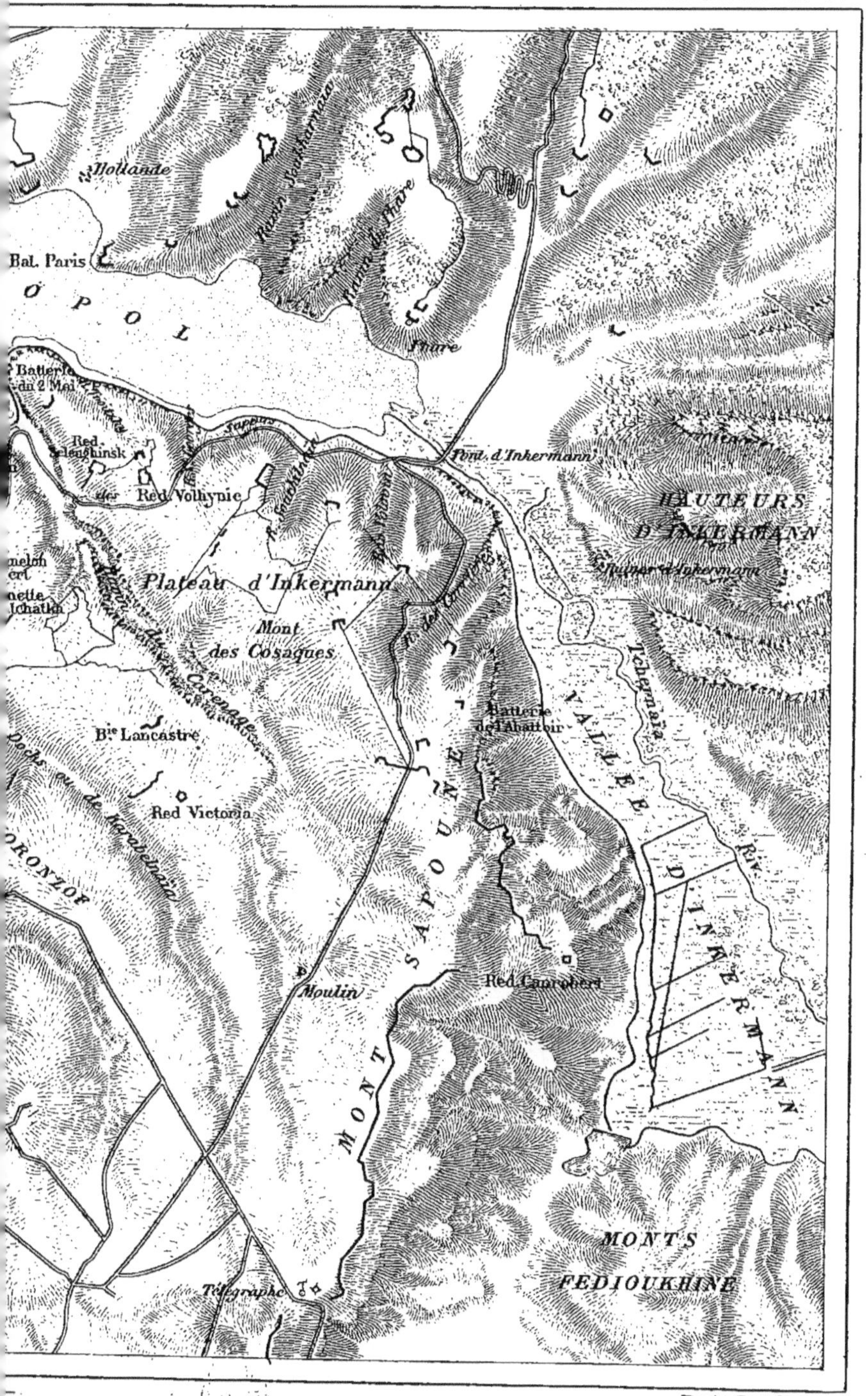

Paris. Imp. Erhard.

Travaux Anglais.

1500 2000 Mèt.

Histoire de la Guerre de Crimée. Pl. IX.

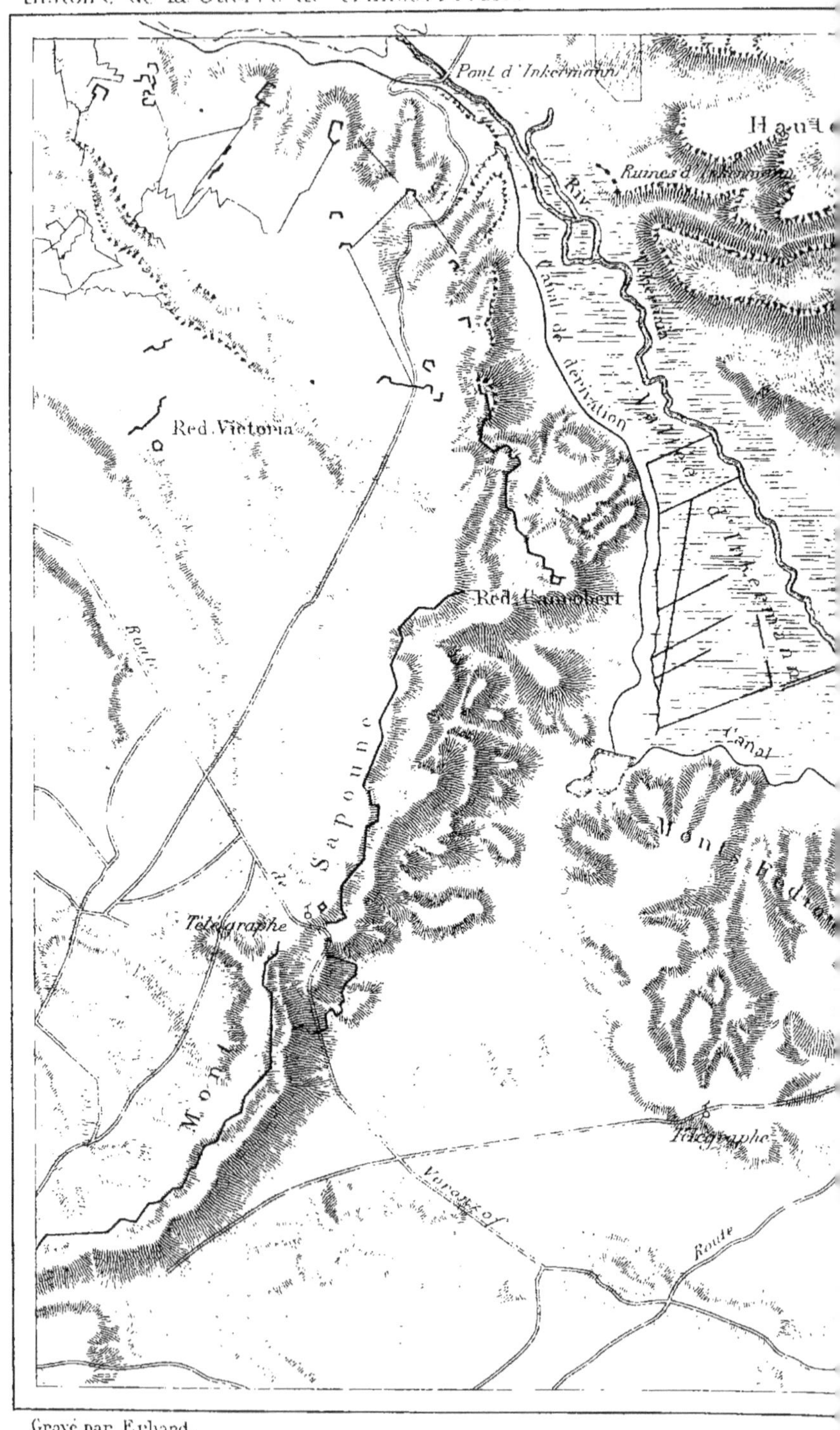

Gravé par Erhard,

R.

Librairie Hachette et Cie

Paris . Imp . Erhard.

Histoire de la Guerre de Crimée . Pl. X.

SÉBASTOPOL

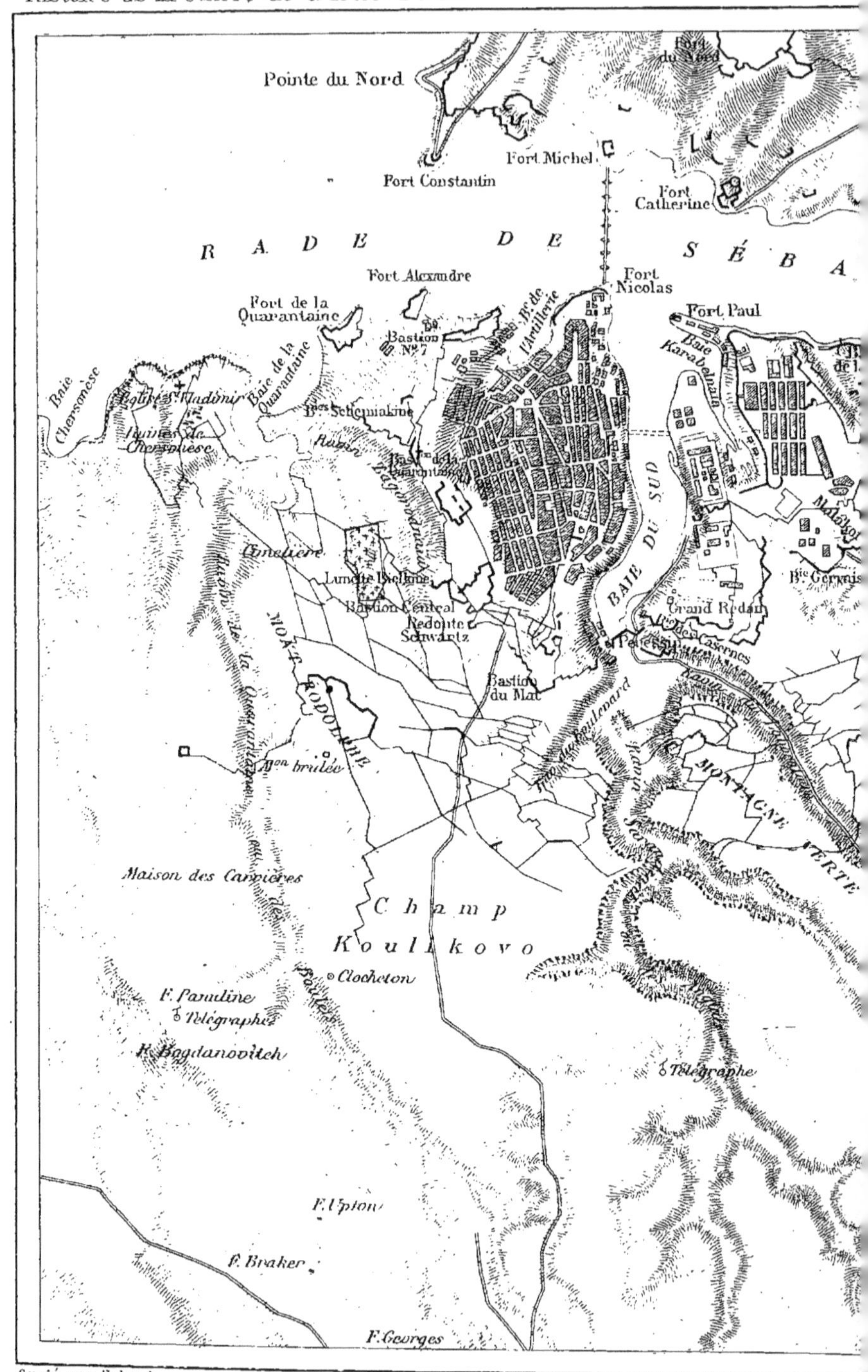

Gravé par Erhard.

Travaux Français.

Ech

500 250 0

Septembre 1855. Librairie Hachette et Cie

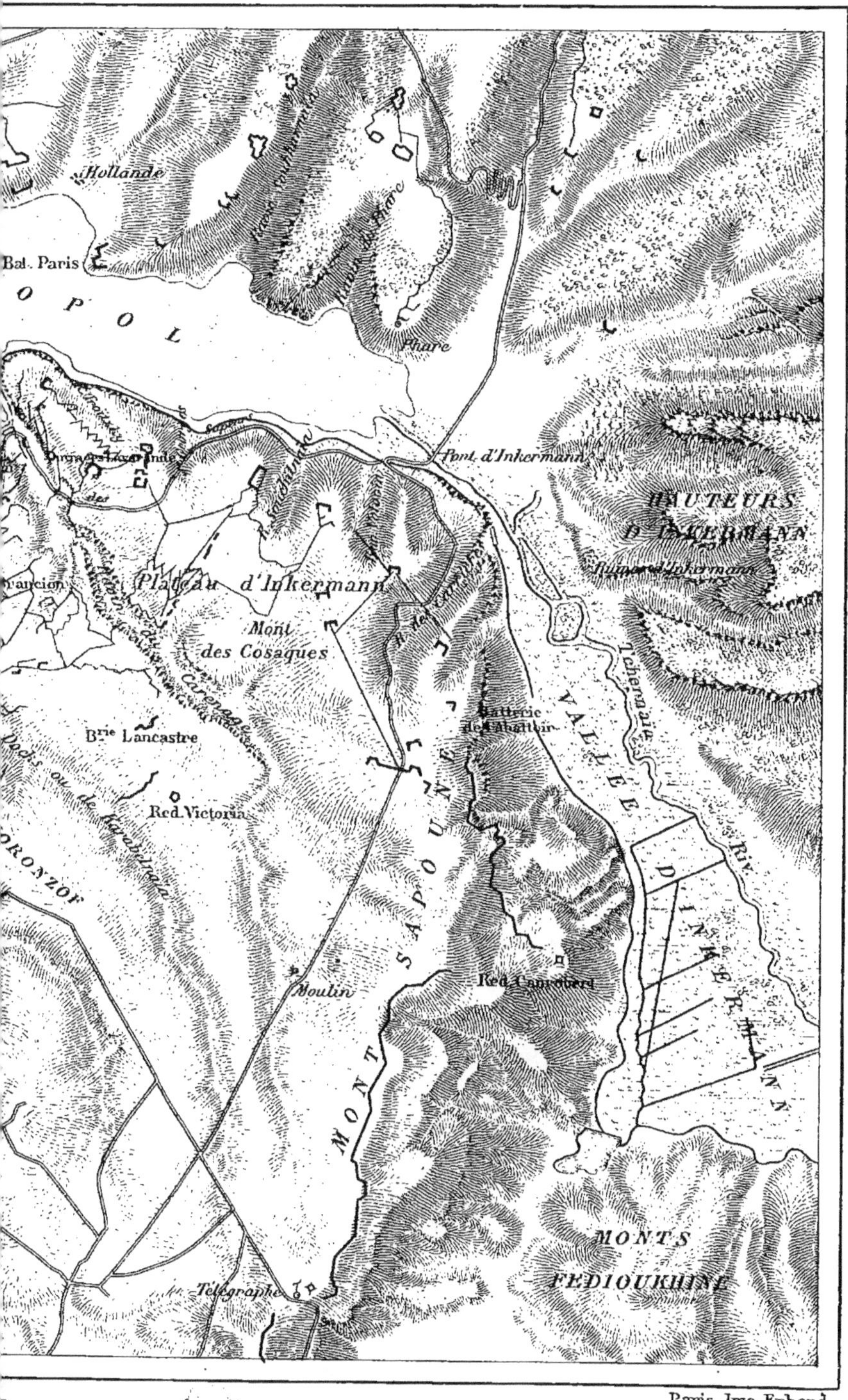

Paris, Imp. Erhard.

oo 1500 2000 Mèt. Travaux Anglais.

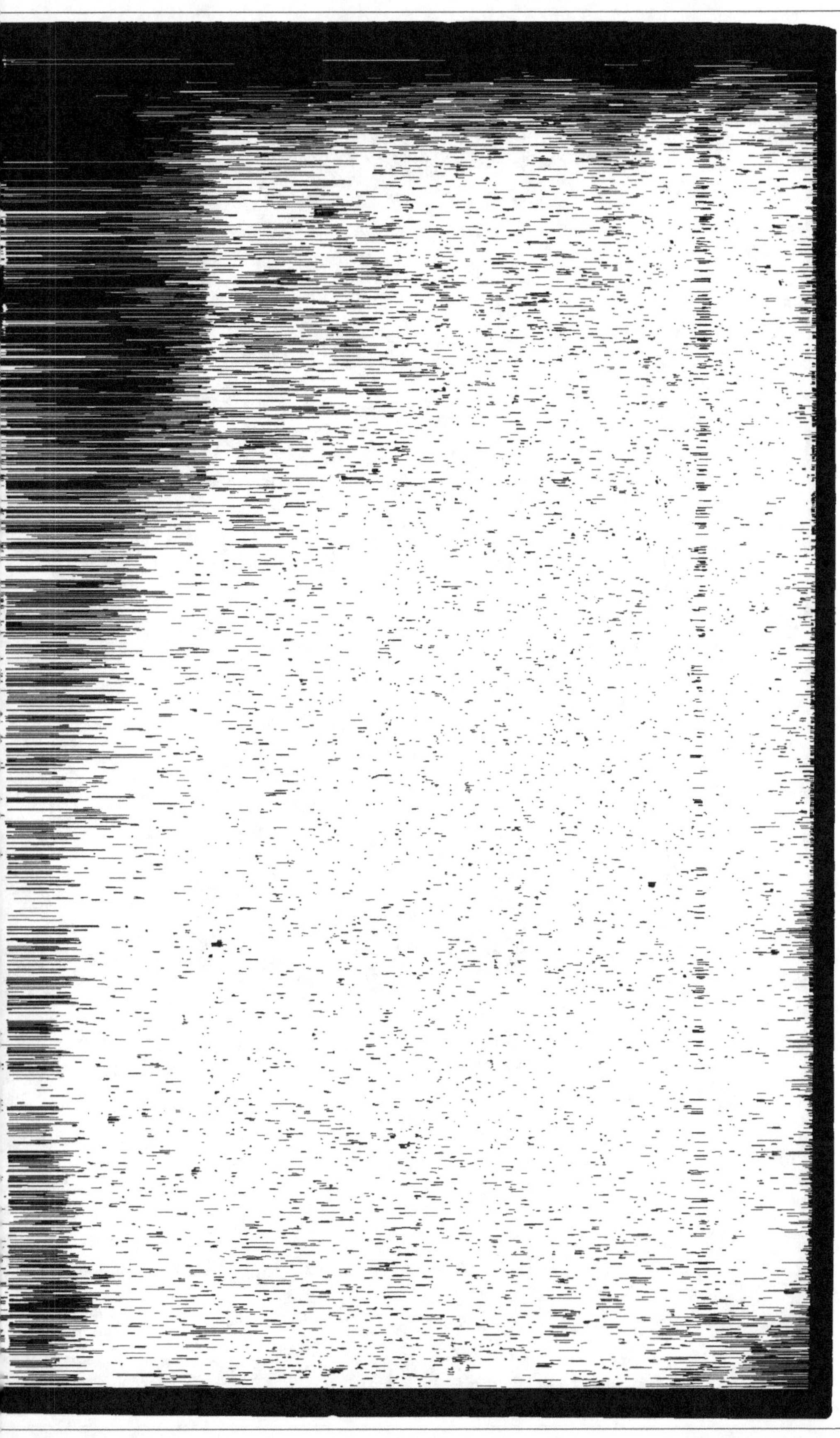

www.ingramcontent.com/pod-product-compliance
Lightning Source LLC
La Vergne TN
LVHW010104230826
846091LV00005B/2088